SOÑANDO CON DIOS

SOÑANDO CON DIOS

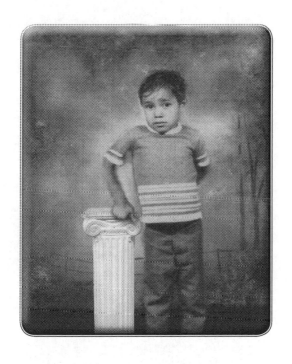

Miguel Prado

Número de Control de la Biblioteca del Congreso de EE. UU.:   2012919572
ISBN: Tapa Blanda   978-1-4633-4111-4
                         Libro Electrónico   978-1-4633-4110-7

Para pedidos de copias adicionales de este libro, por favor contacte con:
Palibrio
1663 Liberty Drive
Suite 200
Bloomington, IN 47403
Gratis desde EE. UU. al 877.407.5847
Gratis desde México al 01.800.288.2243
Gratis desde España al 900.866.949
Desde otro país al +1.812.671.9757
Fax: 01.812.355.1576
ventas@palibrio.com
431386

Para mis dos hijos, Miguel Ángel y Diego.

Espero que entiendan y que pongan en práctica lo que de niño yo entendí de la metáfora de la fruta prohibida.

SOÑANDO CON DIOS

Introducción

Este es el relato de cinco sueños, en los que Dios estuvo presente y me puso a prueba. Había que tomar decisiones serias e importantes. Tuve que decidir entre enfrentarme al demonio, o no hacer nada, y permitir con esto que la maldad tuviera mi propiedad como su guarida. Había que tomar una decisión. Yo, sin titubeos, con valentía, inmediatamente tomé la mía. Fue entonces cuando escuché los consejos o instrucciones de Dios, que me predecía que la lucha no sería fácil, pero que Él sabía que yo podía vencerlo. Con lo que ocurrió, Dios me demostró que, si yo estoy con Él, Él está conmigo. Esto quedó comprobado en mis sueños una y otra vez.

Y lo más importante: obtuve la prueba, al despertar del cuarto sueño, de que soñar que Dios habla no son simples sueños. Aquí fue donde me demostró que lo soñado no debe quedar solo en sueños. Esa vez sí que me quedó todo muy claro, e inmediatamente entendí que debía insistir con mi deseo de la realización de un libro.

Esta vez Dios, además de demostrarme que no son solo simples sueños, también me demostró de una manera —para mí sorprendente, para otros quizás increíble— que no estoy loco. Por eso agradezco a Dios lo soñado y, sin dudas, comparto lo que de Él escuché en sueños —sin importarme ser juzgado como loco—, sueños en los que, si me preguntaran si tengo alguna duda, la respuesta es que sí tengo una: ¿los dos últimos fueron sueños o visiones? Más que sueños fueron visiones, ya que no soñaba estar en un lugar diferente del que en realidad estaba. Ocurrió en mi habitación, donde estaba dormido. Hacía apenas media hora que me había acostado sobre mi cama cuando soñé y, al despertar, me quedó la sensación de que Dios estuvo parado a los pies de mi cama. En mi visión, me quise enderezar, pero Él extendió su mano abierta sobre mí mientras hablaba, como diciendo: «No te muevas, solo escucha».

Sueños o visiones, no lo sé. La verdad es que Dios vino a visitarme: lo vi. Estuvo en mi habitación y me dijo lo que inmediatamente quedó comprobado al despertar como prueba de que sí estuvo. Lo que me dijo lo confirmó con una llamada telefónica, como prueba de que fue verdad. De una manera perfecta, como solo Él puede hacerlo.

Es difícil de creer, pero esto fue lo más cercano posible a la realidad. En mí no existe la duda de que he tenido a Dios frente a mí. Lo sé, y lo supe desde aquella vez que en sueños tuve una lucha con Satanás y, gracias a Dios, salí triunfante de varias tentaciones. Estas tentaciones solo eran trampas en las que no caí, porque yo estaba con Dios, y Dios estaba conmigo. En aquella lucha éramos dos contra un tramposo. Por muy atractivas que hubieran sido esas tentaciones, estas le fallaron al enemigo, que me las tendió como un personaje con distintos disfraces. Hablo del mismísimo diablo, el cual fue y siempre será derrotado con el nombre de Dios.

El motivo del cuarto y quinto sueño —o visión— fue la confirmación de que lo soñado se debe poner en práctica porque, en verdad, el nombre de Dios siempre vencerá. La idea y propósito de este libro es la invitación a mencionar el nombre de Dios más a menudo. Y, sobre todo, hay que confiar plenamente en Él, y luchar en su nombre los que en Dios confiemos. Soñando con Dios, empezó un suceso en el que ocurrió algo sorprendente y, para mí, fue la prueba suficiente para confiar plenamente en Él, porque en mis sueños ocurrieron cosas divinas. Para mí siempre han sido de muchísima importancia los consejos que de Él he escuchado.

Esto comenzó con un sueño en tres secciones una noche en el año 2002, cuando tenía 33 años. Diez años después, la continuación con dos más. Los dos últimos ocurrieron en diferentes noches. Fue en el cuarto sueño en el que obtuve la prueba con hechos de que soñar que Dios habla no son simples sueños.

En sueños Dios me dijo que no me desanimara, que no tuviera dudas de realizar un libro donde publicar lo que había vivido en sueños. También me dijo: «Cuando sientas que no puedes, piensa en mí, y no te olvides de Jacinto Puedes. Ahí está Jacinto Puedes, ahí tienes a Jacinto Puedes». Él me aseguraba que allí estaba Jacinto Puedes. Y dicho y hecho: era verdad. De una manera sorprendente, mientras me decía esto, sonaba el teléfono, y quien contestó me aseguró haber visto claramente que en el identificador de llamadas se leía: «Jacinto Puedes».

Ahora la pregunta es quién es Jacinto Puedes. Jacinto Puedes es una persona que menciona a Dios en sus conversaciones y a la que tuve el gusto de conocer en un seminario, precisamente siete días después de que había venido a mi mente la idea de intentar escribir los sueños en los cuales Dios me había ayudado a vencer al diablo y me había librado de morir, aconsejado por el demonio. (Aclaro que el nombre de « Jacinto Puedes » ha sido cambiado. Este nada tiene que ver con el nombre verdadero del hombre del seminario. Jacinto Puedes es un triunfador que tiene presente a Dios en sus conversaciones).

Como evidencia de que no le fallé, le demostré a Dios que no estoy del lado de la maldad. Y Él me demostró que estaba conmigo, pues en mis sueños el nombre de Dios estuvo siempre presente en mis conversaciones, y fue eso lo que me llevó a un verdadero triunfo. Esto, sin duda, me llamó mucho la atención, pues yo entendí mis sueños como la necesidad de mencionar a Dios en el vivir de cada día. Yo he fallado mucho en esta parte, aunque de verdad creo en Dios y su bondad. Lo tengo presente en mis pensamientos, pero lo menciono muy poco en voz alta en mis conversaciones. Por eso hoy me propongo mejorar, tomar el reto: hablaré de mí mencionando a Dios.

Te invito a hacer lo mismo. Digamos: «Gracias a Dios, estoy bien», «Gracias a Dios, me va muy bien». Esto no debe molestar a los que no creen en Dios. Yo creo en Él, y por eso lo hago, pero de ninguna manera se puede forzar a nadie a decir lo que de verdad no se siente. Si te llegaras a enfrentar con la maldad, no maldigas. Menciona el nombre de Dios Padre, Dios Hijo y Dios Espíritu Santo y, sin duda, lo malo se alejará de ti. Por eso no te sorprendas si algunos de tus «amigos» se alejan por escucharte mencionar a Dios en tus conversaciones. Es un hecho: con el nombre de Dios, la maldad se aleja. Al diablo y sus seguidores les molesta escuchar que mencionen a Dios. Y precisamente frente a ellos es donde se debe mencionar el nombre de Dios con más firmeza y seguridad. El triunfo de algunos es la derrota de los otros. Desde el día siguiente a la noche que tuve los tres primeros sueños, he creído que el significado de mis sueños es mencionar el nombre de Dios y confiar plenamente en Él.

Mi cuarto sueño fue interrumpido pues, mientras soñaba, fui despertado a la realidad, para enterarme de lo que había pasado mientras dormía y soñaba. Fue una llamada telefónica a las dos y media de la madrugada de un jueves cuando sucedió lo que terminó con mis dudas. Inmediatamente entendí la importancia de esa llamada, pues ocurrió exactamente en la realidad lo que había escuchado que Dios me había dicho en sueños. Me dijo: «Ahí está Jacinto Puedes, allí tienes a Jacinto Puedes». Y fue verdad: me despertaron para decirme que había sonado el teléfono, y que en el identificador de llamadas aparecía: « Jacinto Puedes ».

Quise empezar contando parte de este cuarto sueño porque lo considero importante para entender que estos no son simples sueños. ¿Ahora entiendes por qué esa llamada aumentó el motivo de mi necesidad de compartir lo que en sueños he vivido? Esto fue solo una demostración de lo que Dios puede hacer para ayudarnos si realmente confiamos y creemos en que Dios lo puede todo. Lo que Dios me dijo cuando sonó el teléfono fue para que en mí no hubiera dudas de lo ocurrido.

Esto ocurrió la segunda noche que soñé la voz de Dios, y en este cuarto sueño lo soñado dejó de ser solo un sueño, para que lo sucedido mientras soñaba reforzara mis deseos de compartir la satisfacción de haber tenido estas experiencias con lo divino, aunque para algunos sean simplemente sueños.

Lo que yo siento es difícil de explicar exactamente; nunca es suficiente la explicación. Pero, haciendo todo lo posible por no olvidar detalles, te contaré lo que una noche comenzó con tres sueños escalofriantes, aunque el tercero tuvo un bellísimo final feliz, gracias a Dios.

La primera noche que soñé la voz de Dios, me demostró que juntos podemos vencer la maldad, y, teniendo a Dios en mente y mencionándolo constantemente, sostuvimos una lucha directamente con el mismísimo demonio, el cual fue vencido mostrándole la señal de la cruz y mencionando a Dios constantemente. Dios vence la maldad y, por consiguiente, cualquier mal hábito, pero somos nosotros los que debemos luchar en el nombre de Dios y, confiando en Él y mencionando su nombre, tendremos su ayuda, y en nuestra lucha saldremos triunfantes. Esto es una gran verdad vivida en sueños. Cuando se está seguro de que Dios está de nuestro lado y uno del lado de Él, se es capaz de enfrentar directamente a quien sea en el nombre de Dios, sin importar nombre ni trayectoria. Se entiende que se está en buenas manos; se está dispuesto a morir en la lucha sin ningún temor. Dios ayuda: confiemos en Él. Y luchemos en su nombre, sin dudas ni titubeos.

Lo que Dios me dijo cuando sonó el teléfono fue para que en mí no hubiera dudas de lo ocurrido. Esta vez estaba ocurriendo mientras Él me hablaba de que yo podía realizar un libro y profesar los acontecimientos ocurridos. Esto pasó cuando, confundido, llegué a tener dudas sobre la idea de la realización de un libro para publicar los tres sueños previos, en los cuales Dios era el protagonista de una lucha tensa contra la maldad, escalofriante en un principio, pero con un final preciosísimo. No hay nada más precioso ni satisfactorio que opaque este sentimiento de ser amigo de Dios, con cuya ayuda pude vencer directamente al jefe de la maldad, aunque esto haya sido solo en sueños. Estuve dispuesto a aceptar el reto y, estando dispuesto a todo, reté a Satanás en el nombre de Dios. Me quedó la dicha de sentir que Dios está conmigo, porque yo estoy con Él. Así me sentí después de esos sueños ocurridos hace ya mucho tiempo.

En esos tres sueños ocurridos hace ya un poco más de una década, comenzó y finalizó un largo proceso, que me llevó a enfrentar la maldad y vencer directamente al mismísimo diablo. Con la ayuda de Dios y con la mía, se llevó a cabo un enfrentamiento con el enemigo, un personaje con distintos disfraces que siempre está tramando tentaciones. Estas no son más que trampas, en las que él cree que caeremos fácilmente.

Siento una necesidad, y hasta cierto compromiso, de compartir los sueños que me hacen sentir verdaderamente afortunado de haber sido «escuchador» y de haber actuado cumpliendo la voluntad de Dios. Él, en un quinto sueño, sosteniendo un libro en sus manos, me leyó unas cuantas palabras de su contenido.

Existe en mí la duda de que, la última vez que me habló, yo haya estado soñando. No estoy tan seguro de que fue un sueño, pues fue lo más cercano posible a la realidad. Ocurrió de noche, es muy cierto, pero más que sueño fue una visión. Esto sucedió en mi habitación: no soñé que andaba o estaba en algún otro lugar. Las dos últimas ocasiones, no soñaba estar en un lugar donde no estaba. Yo estaba consciente de que estaba durmiendo. Fue Él el que estuvo en mi habitación. Yo solo escuché y miré. Estaba consciente de que estaba en mi habitación y acostado en mi cama y de que Él estaba frente a mí, a los pies de la cama.

Estos cinco sueños han sido, hasta el día de hoy, los más importantes e inolvidables sucesos que he vivido. Digo «... hasta el día de hoy» porque deseo y espero tener la dicha de volver a escuchar los consejos de esa pacífica voz. Al tener estos recuerdos en mi mente, viene la confianza, que me da tranquilidad. Siento plena confianza en Dios, pues en el cuarto sueño me demostró con hechos que lo que Él me había dicho en sueños es una realidad. Es esto lo que me hace sentir el compromiso de promover sus deseos y los míos, de mencionar a Dios en cada conversación, sintiendo que existe y que nos ayuda. Si nosotros nos dejamos ayudar, y así recíprocamente, todos podremos escuchar mencionar el nombre de Dios diaria y continuamente. Que no exista ninguna duda: esto nos llevará al triunfo, puesto que la maldad se aleja mencionando el nombre de Dios. Es por esto que con nuestra ayuda venceremos. Gracias a Él.

Me ha quedado totalmente claro el motivo de mis sueños: tenemos que mencionar y escuchar el nombre de Dios continuamente en las conversaciones. Es la ayuda que Dios nos pide a nosotros, y así Él nos brindará paz y tranquilidad, además de abundancia como recompensa por nuestros esfuerzos. Lograr vencer la maldad con el nombre de Dios es el resultado esperado para obtener una transformación. Esta es la idea de quien en sueños estaba a los pies de mi cama mostrándome un libro abierto. Y, leyendo lo escrito, me dijo: «Porque has entendido mi idea, debes profesar». Esto fue lo que su voz emitió la siguiente noche, después del cuarto sueño, en el que me confirmó que no estoy loco.

En efecto, ese fue precisamente el motivo de mis dudas de publicar mis sueños. Para muchos, o quizás para todos, no pasarían de ser solo simples sueños, de poco interés, aunque yo ya sabía que no lo son, aunque para muchos la duda existiera. La opinión de los demás siempre será muy importante pues, aunque no la comparta, es su opinión. Si su opinión es que son cosas de un loco, simplemente no estarán dispuestos a ayudar aceptando la invitación, que no es mía, es la invitación de Dios a aceptarlo como compañero de un equipo, donde la ayuda es recíproca y la victoria es de todos.

Pero este quinto sueño me dio seguridad, aunque sé que habrá quienes duden de lo que yo afirme. Pero yo sé lo que he vivido, y debo ser terco en lo que sé que es la verdad. Está más que claro que la idea es perfecta, y es que es la idea de Dios. Yo solo creo haber logrado entender qué hacer con lo ocurrido.

Y Él me lo confirmo la noche después del cuarto sueño, cuando Él me leyó las siguientes palabras: «Porque has entendido mi idea, debes profesar».

Y *profesar* significa: «Ejercer o enseñar una ciencia, arte, oficio.// Obligarse a observar los votos propios de una orden religiosa.// Creer, confesar públicamente.// Ejercer algo voluntariamente y con perseverancia».

Los tres primeros sueños sucedieron en secuencia en una sola noche y fueron los que me hicieron pasar momentos parcialmente tenebrosos y escalofriantes, para que después pudiera sentir y valorizar la paz y luz que Dios nos brinda e ilumina venciendo la más densa oscuridad. Y los últimos dos son el motivo de profesarlos. Esto no es idea mía: es la idea de quien en sueños me mostró y demostró que podía y debía hacerlo. Yo estoy convencido de que Dios se ocupa de nuestra ayuda para que podamos obtener y disfrutar la de Él.

En el tercer sueño pude ver la diferencia de un lugar donde la maldad no permitía que Dios reinara. Fue entonces cuando fui advertido sobre la maldad que ahí habitaba, y Dios me dio la libertad de tomar mi propia decisión y, con esto, la oportunidad de ayudar a eliminar la maldad que invadía dicha propieded (mi propiedad, que en realidad es propieded de mi padre). Acepté esta oportunidad sin dudas ni titubeos. Fue así como Dios me demostró que con su ayuda se puede retar a la maldad y vencerla. Pero también me demostró que, para obtener su ayuda, es necesaria la colaboración de todos y de cada uno de nosotros, para así vencer la maldad que, sin ninguna duda, a todos nos afecta.

Unos cuantos días después de mi enfrentamiento con el diablo, Dios me hizo una pregunta como prueba. Y creo que le contesté como Él esperaba que lo hiciera, porque tuve una muy bonita recompensa por ello. Con mi respuesta le confirmé que estoy con Él y a su disposición. Esto formó parte de mi tercer sueño: una tarde, segundos después de haberse ocultado el sol, salió a mi encuentro en mi camino un anciano, vestido con manta blanca y con pantalones que se amarran con cordones, como los usaban los abuelitos hace ya muchos años (parecidos también a los de un luchador de karate). El anciano me preguntó:

—¿Cómo te va en tu nueva vida?

Le contesté:

—A mí, gracias a Dios Padre, Dios Hijo y Dios Espíritu Santo, me va muy bien.

Él continúo diciendo:

—Me da mucho gusto; desde entonces, a mí también me va muy bien.

La solución para vencer la maldad es, sin ninguna duda, contar con la ayuda de Dios. Y Dios se ocupa de nuestra ayuda para lograr dicho propósito. Debemos estar dispuestos y colaborar atendiendo a la invitación a ayudar, aceptando que Dios es la razón de nuestros esfuerzos. Démosle las gracias porque tenemos el aire, porque llegará el día en que sentiremos que nos falta el aire, y entonces nos acordaremos de Dios.

¿Pero acaso no es lo normal dar las gracias cuando se nos proporciona algo? Damos gracias por tantas cosas de mucho menos valor... Dios nos da el aire que respiramos y nos olvidamos de darle gracias. Hagamos el mejor de los esfuerzos para agradecer a Dios por tanta generosidad para con nosotros que no apreciamos, porque ni siquiera nos damos cuenta del valor que tiene lo que recibimos gratis. Es verdaderamente justo dar gracias a Dios por cada respiro. Por eso nunca será suficiente el agradecimiento por tanta bondad. Pero Dios no exige: vivirás como tú escojas vivir. Sin ninguna duda, la maldad siempre intentará tenerte cerca y, olvidándote de Dios, harás feliz a la maldad.

No hay cosa más importante que dar gracias a Dios. Es algo de lo que debemos estar conscientes; es un bien para nosotros mismos. De esto no hay que tener duda: no encontrarás mejor respuesta a tu agradecimiento que la que Dios te puede dar. Aceptando esta invitación, automáticamente contamos con la ayuda de Dios. Con esto estaremos comenzando el sendero que nos llevará al triunfo. Cada cual decide individualmente si ayuda para lograr este cambio tan necesario, o prefiere seguir ignorando la maldad, y seguir pensando que no hay necesidad de ningún cambio. No podemos seguir pensando que es normal tanta maldad puesto que dondequiera hay problemas. Es precisamente este el motivo del compromiso que siento de compartir lo que guardé por tantos años. La invitación a mencionar y creer en el nombre de Dios, mencionar a Dios diaria y sinceramente, sin duda nos conducirá al triunfo. Mencionar el nombre de Dios continuamente es algo que todos podemos y debemos hacer.

Pero somos muchos los que fallamos en hacerlo. No es suficiente mencionarlo una sola vez, ni dos o tres, diariamente. Para emitir el nombre de Dios, no existen límites.

El rico más millonario puede escuchar hablar de Dios por medio de las palabras del que posee la gran fortuna de tener presente a Dios en su conversación. La invitación es para mencionar a Dios en voz alta al dirigirle la palabra a otra persona. Por eso son muchas las oportunidades que tenemos para ayudar a crear el buen hábito y lograr que todas las personas podamos escuchar el nombre de Dios continuamente. Dios te invita a que lo pongas en práctica y, aunque falles, no te desanimes. Dios sabe que no es fácil, pero también está seguro de que todos podemos hacerlo y de que, si no lo haces tú, nadie podrá hacerlo por ti: tú decides.

«No será fácil, pero tú puedes hacerlo» fueron las palabras que Dios me dijo en mi segundo sueño. Es necesario que nos demos cuenta de la importancia de esta invitación a ayudar usando esta táctica, que es la solución para vencer la maldad. Sin duda que nos encontraremos con personas que no compartan nuestra decisión, pues siempre habrá quienes piensan que no es necesario mencionar a Dios todos los días y constantemente. La opinión de los demás siempre debe ser importante y debemos respetarla, aunque estemos seguros de que no tienen razón alguna. Esto no quiere decir que tengamos que estar de acuerdo en su opinión. La respuesta es muy sencilla y fácil: «Respeto mucho tu opinión, pero no la comparto». Es importante evitar discusiones, pero jamás debemos ceder ante los necios. Frente a ellos debemos ser tercos. Jamás un necio saldrá triunfante; no podemos dejarnos convencer por los que están en un error, ni tampoco fomentar una discusión, y mucho menos por cosas de religión. Tengamos clara y presente siempre la diferencia entre el terco y el necio. El necio discute sobre lo que de verdad ignora, sin aceptar que está en un error. También hay algunos que en la discusión se dan cuenta de su error, pero siguen discutiendo, aunque ya saben que perdieron (y es que no saben perder; por eso no aceptan su derrota). A nadie le gusta perder, pero aceptemos que hay muchas cosas que ignoramos; todos ignoramos algo: nadie sabe todo. Todos aprendemos de todos. Pero hay necios que creen que todo lo saben, y hablan afirmando lo que en realidad ignoran, mientras que los inteligentes aceptan que no saben. El terco insiste en lo correcto, defiende la verdad, mientras que el necio se aferra en convencer a medio mundo de su mentira. Esta es una decisión que se toma voluntaria e individualmente. La invitación está hecha, la decisión la tienes tú, ¿la tomas o la dejas? La necedad, con el paso del tiempo, tiene remedio. Te aseguro que llegará el día en que cambiarás de opinión.

En sueños Dios me dio las palabra clave (la llave) y me fue demostrado que funciona. Urge que nosotros usemos estas palabras para obtener la victoria, para lograr que todos escuchemos y mencionemos a Dios diariamente diciendo: «En el nombre de Dios» y «Gracias a Dios», palabras que ya conocemos como poderosas. Pero nuestro error está en que no las mencionamos lo suficiente y, o tal vez las decimos sin sentir realmente lo que decimos. Debemos usarlas constante y continuamente, sin vergüenza y sin dudas, sabiendo que tenemos la llave. Debemos darle uso e insistir pues, por la falta de uso y por el paso del tiempo, las cerraduras no ceden fácilmente. Nuestra insistencia será la que nos lleve al triunfo: debemos ser tercos. Tengamos la seguridad de que estaremos haciendo lo correcto y de que saldremos victoriosos.

Igualmente, por el paso del tiempo y por falta de uso, no es suficiente un solo intento: tú y yo, nosotros, insistamos en mencionar estas palabras: «En el nombre de Dios Padre, Dios Hijo y de Dios Espíritu Santo» y también «Gracias a Dios». Y no es suficiente una sola vez, insisto: toda persona con quien tengamos una conversación debe escuchar el nombre de Dios. No debemos desaprovechar ninguna oportunidad; el nombre de Dios debe estar siempre presente en nuestras conversaciones. Debemos ser constantes, creer realmente que son palabras clave que nos ayudarán a vencer la maldad. Son muy importantes nuestra disponibilidad y colaboración para vencer la maldad que nos rodea, para poder tener tranquilidad, sentir y disfrutar la paz que la maldad nos está arrebatando. Si no estás dispuesto a hacer nada, te entiendo: todos hemos cometido ese error. El mundo está lleno de personas que prefieren no hacer nada: siempre escogen lo fácil. No hacer nada es el peor error. Así debemos realmente entenderlo: está en cada individuo la decisión de dejar de llevar una vida lóbrega, pues eres tú mismo quien se aferra en lobreguecer tu propia vida. Así mismo, todos nosotros nos vemos afectados por la decisión de las personas que viven en la oscuridad. No es difícil de entender que la maldad ajena también nos está afectando a ti y a mí, puesto que, en esta comunidad en donde tú y yo vivimos, quizás ya estés acostumbrado y ahora creas que la maldad no es tan mala como la pintan.

Una noche, gracias a Dios, tuve tres sueños. Y dos más después de diez años (y cada uno era la continuación del anterior). Sin ninguna duda confieso que estos han sido, hasta hoy, los cinco mejores sueños de mi vida.

MI PRIMER SUEÑO

Soñé que mi tía, una persona de ochenta años, moriría en menos de veinticuatro horas; estaba desahuciada. Su último deseo era que no la velaran (no quería que la vieran muerta), que mejor la acompañaran en vida y que, en cuanto muriera, fuera sepultada lo más pronto posible. Ella fue a las autoridades y a la Iglesia, para ver si podía ser posible su último deseo.

Y sí, estuvieron de acuerdo las autoridades y también la Iglesia. Ella regresó a su casa después de haber dejado todo arreglado. Mientras, en el cementerio, tres hombres construían su sepultura. Todo parecía estar bien planeado y arreglado para cumplir con la última voluntad de un moribundo. Se hizo todo lo posible para que las cosas sucedieran así como eran sus deseos; aparentemente todo parecía estar bajo control, como ella lo había planeado. Ella llegaría caminando hasta el cementerio, y allí esperaría junto a su tumba el momento de su muerte. El ataúd estaría listo, abierto, para que, en cuanto muriera, la pusieran dentro y lo cerraran inmediatamente y enseguida la sepultaran. Como estaba arreglado, ella salió caminando de su casa rumbo a la iglesia, donde se llevaría a cabo la celebración de una misa en su honor como despedida. Después continuaría su camino al cementerio.

Al salir de su casa, la acompañaban solamente tres personas, pero en su camino la gente que la veía se le unía. En todas las casas había gente en la puerta que esperaba a que pasara para seguirla; así seguían uniéndose más y más personas en su recorrido. Cuando llegó a la iglesia, ya había mucha gente; prácticamente todo el pueblo la acompañaba. Empezó su misa; la iglesia estaba repleta. Al salir de la iglesia, la gente la despedía con un abrazo y le decía palabras de aliento. Todo marchaba bien hasta ese momento. Alguien le dijo: «Estamos contigo»; otra le dijo: «Solo te nos adelantas un poco: es camino que todos vamos a llevar»; otra le dijo: «Ten mucha fe en Dios». Otros solo le daban un abrazo. Pero solo unos cuantos pudieron hacerlo, porque fue entonces cuando se le acercó una señora, de nombre «Jesús», que hizo todo lo contrario: no la abrazó. Estaba muy molesta, le gritaba con insultos, le reclamaba diciendo: «Tú eres una mala mujer, tú eres la culpable de que a mí me vaya mal; deberías estar sola. No te mereces que toda esta gente esté contigo; por tu culpa yo vivo donde no me gusta, ¡tú eres mala!». En eso la persona cuyo último deseo era llegar caminando hasta el cementerio se desvaneció y allí murió. Nadie compartía la opinión de esa mujer; no había ninguna persona que estuviera de acuerdo con ella. Para todos estaba claro que lo que esta señora le reclamaba era absurdo, pues todos conocían a las dos mujeres. La gente comentaba: «Qué mujer tan mala... esa sí que es maldad. ¿Cómo pudo truncarle su último deseo a una persona? Esa mujer sí que es mala».

Entonces desperté. Pensé que solo había tenido un mal sueño, algo normal, un sueño como cualquier otro; tal vez no muy común, pero nada más que un sueño. Lo que no me imaginé fue que todavía faltaba la segunda parte, y después vendría la tercera parte. Tres sueños en secuencia en una misma noche. Tampoco me imaginaba que volvería a soñar después de diez años, cuando por fin tuve la idea de escribir mis sueños y, al empezar, me desanimé, pensando que era poco para ponerlo en un libro. Además, tal vez nadie estaría interesado en mis sueños; solo yo lo entendería porque lo había vivido, aunque sabía que lo había soñado. Además pensé: «No necesito escribirlos, puesto que los tengo en la mente». El caso fue que ya tenía decidido desistir de la idea de hacerlo. Fue entonces cuando tuve un cuarto sueño. Esa noche volví a escuchar una voz, la misma que soñé en mi segundo sueño, y esta vez me dijo: «No te desanimes; si puedes, lo debes profesar. No te olvides de Jacinto Puedes. Allí está Jacinto Puedes». La verdad es que esta vez no puedo pensar o decir que solo son sueños, o que simplemente es algo que soñé, porque obtuve la señal de que no son solo sueños. También obtuve la prueba de que no estoy loco y de que debo creer que la idea es confesar mis sueños públicamente. Y es que lo que esa voz me dijo en un sueño, de una manera muy especial, sucedió realmente.

Te contaré esto detalladamente más adelante, porque ese no fue el segundo sueño. Cada uno es la continuación del anterior, y este fue el número cuatro. Por eso primero te contaré el segundo, y el último será el último como debe ser.

MI SEGUNDO SUEÑO

Enseguida me dormí de nuevo, y continuó mi sueño. Una voz me dijo: «Lo que acabas de ver fue para que te des cuenta de que la maldad existe, y está en tu propia casa, en tu propiedad, en tus terrenos. En el árbol más grande el demonio tiene su guarida, allí duerme; y solo tú puedes sacarlo. Si no lo sacas tú, nadie más podrá hacerlo. Tú decides si lo sacas o lo dejas que siga viviendo en ti e invadiéndolo todo. Recuerda que, si no lo sacas tú, nadie más podrá hacerlo. Tú tomas la decisión, porque en ti y en lo tuyo solo tú podrás decidir». Yo le contesté: «Sí, lo saco. Si me estás diciendo que soy el único que puede hacerlo, ¿cómo crees que le voy a permitir que invada lo mío? No lo puedo dejar que se quede; yo lo saco».

Me di media vuelta y quise empezar a caminar, pero Él me dijo: «Espera, no va a ser fácil. No esperes que la maldad te ataque de frente; no confíes en nadie. Nunca esperes que el demonio te dé la cara: la maldad siempre va a estar disfrazada. No va a ser fácil, pero sé que tú podrás hacerlo. Ahora sí te puedes ir…».

Le contesté con el padrenuestro: «Padre Nuestro, que estás en el cielo: santificado sea tu nombre; venga a nosotros tu reino. Hágase, Señor, tu voluntad en la tierra como en el cielo. Danos hoy nuestro pan de cada día y perdona nuestras ofensas; no nos dejes caer en tentación y líbranos de todo mal. Tú reinas en el cielo y en la tierra. Amén».

Y enseguida me fui rápidamente a sacar la maldad que tenía su guarida en mi propiedad. Cuando llegué a ese lugar, agarré un palo y empecé a gritarle, retándolo: «¿Dónde estás, chamuco? Aparécete, Satanás. Aquí estoy y vengo a sacarte de aquí; estás en mi propiedad y de aquí te sales porque te sales. Simplemente en lo mío no hay lugar para ti,

¿con qué derecho invades lo mío?». Y seguía caminando y gritando las mismas palabras. Me sentía seguro. Entendí que fue Dios el que me había enviado a luchar contra la maldad, contra Satanás.

Entonces me encontré con un perro, chaparro y largo, un perro raro. Le dije: «Tú puedes ser el diablo, ¡fuera de aquí!», amenazando con darle golpes con el palo. Pero no quedé convencido de que ese era el diablo, pues se fue muy fácil; yo esperaba que se defendiera, que me atacara. No era normal que el diablo fuera así tan obediente.

Así fue como le seguí gritando: «Aparécete, Satanás, aquí estoy. Aparécete y da la cara, ¡cobarde! Sabes que estoy aquí para sacarte de mi propiedad, donde de ahora en adelante no te permitiré habitar en lo mío...». Entonces me encontré con una persona, un compañero de trabajo (*Guadalupe* es su nombre), que en ese momento era uno de los «líderes» de una iglesia. Me agarró de los hombros, me sacudió y me dijo: «¿Qué haces?, ¿cómo te atreves a retar al diablo? ¡Con el diablo no se juega!

Para de estar gritando; recapacita, olvídate, deja eso: no podrás ganarle al demonio». Yo le contesté: «¿Por qué no? Esta propiedad es mía; es él el que se metió conmigo. Yo solo me estoy defendiendo. Le tengo que demostrar que aquí yo mando y que no estoy dispuesto a permitirle que habite en lo mío. Dime tú: si Dios está conmigo, ¿cómo podría yo permitir que el demonio tenga su guarida en lo mío? Aquí no puede haber lugar para la maldad. Esto es para que lo habite Dios; por lo tanto, no puede haber cabida para el diablo. Dios es quien está conmigo. ¿Cómo puedes tú abogar para que yo le dé habitación a la maldad?

En mí y en lo mío, ya lo tengo decidido: de hoy en adelante no puede ser que le permita al diablo permanecer en lo que es mío. Aquí será habitación de Dios, y no del diablo. Así es que apártate de mí. Si no estás de acuerdo conmigo, será porque tú también estás en mi contra. Dios está conmigo, ¿cómo podrá vencerme Satanás? ¡Lo sacaré! No tengo ninguna duda». Y lo seguí retando, gritando con más fuerza: «Satanás, chamuco, demonio, Lucifer, como te llames, aquí de ninguna manera hay lugar para ti, ¿dónde estás? Aparécete, maldito, no te escondas, vengo a sacarte de aquí; sal, da la cara, cobarde».

Entonces miré un caballo grande, entre negro y café, fino, muy elegante. De verdad que era un caballo muy atractivo; no es necesario conocer mucho de caballos para darse cuenta de que ese era un caballo que hubiera convencido a cualquiera de que era un muy buen caballo y de que orgullosamente lo presumiera como de su propiedad. Pero eso a mí en ese momento no me deslumbró. Sabía que no era mío y, por muy atractivo que este fuera, sabía que mi misión era echarlo fuera. Le dije: «Tú debes ser el diablo, ¡fuera de aquí! ». Y le di un palazo. Pero tampoco quedé convencido de que ese fuera el diablo, pues salió muy fácil y yo andaba buscando algo que me diera batalla. Estaba dispuesto a todo; quería encontrarme con algo que me retara, algo que estuviera dispuesto a enfrentarme.

Le seguía gritando, mientras me dirigía hacia el árbol más grande donde se suponía que el intruso tenía su guarida y dormía.

Pero no estaba allí. Le grité: «¿Me escuchas, Satanás? ¡Fuera de lo mío! Aquí estoy, y vengo para sacarte de aquí; aquí te voy a estar esperando. ¡De hoy en adelante, no te voy a permitir en mi vida! ». Ahí me quedé toda la noche esperándolo, pero no llegó.

Al salir el sol, regresé tranquilamente. Ya no esperaba encontrarlo. En eso, a lo lejos vi a un hombre que arriaba un par de mulas, cargadas de leña, que venía caminando de prisa con dirección hacia donde yo estaba. Decidí esperar a que pasaran. Cuando llegaron, le pregunté al arriero: «¿No vio nada raro en su camino? ». Me dijo: «No, yo camino todos los días por aquí, y no he visto nada, todo está muy solo. Él continuó su camino, y yo esperé a que saliera de esa propiedad para continuar el mío. Me quise asegurar de que solo fuera de paso y no se quedara rondando. Después llegué al final de mi propiedad, donde el vecino estaba ordeñando sus vacas. También le pregunté: «¿No ha visto nada de raro acá en este lado?». Contestó: «No, aquí siempre es lo mismo, aquí no hay ninguna novedad desde hace mucho tiempo». Esa fue la última persona con la que hablé, y entonces fue cuando desperté asustado. Ese había sido mi segundo sueño de esa noche, y fue la continuación del primero. Desperté temblando y sudando: tal vez sería de miedo. No fue fácil soñar algo así, pero no estaba arrepentido de mi sueño o, mejor dicho, no pensé como en algunos otros sueños de los que me imagino que todos hemos tenido y al despertar estamos asustados, pero enseguida estamos contentos, felices, pues nos alegra saber que solo fue un sueño. De lo contrario, tendríamos una situación por resolver pero, como solo fue un sueño, no tenemos que preocuparnos más de ese asunto pues, terminándose el sueño, se terminan los problemas que soñamos. Pero no siempre es así: la mayoría de las veces soñamos lo que nos preocupa y lo que estamos viviendo. Hay sueños con poca importancia y sueños muy importantes y, para mí, estos han sido de los más importantes. Es una realidad que la maldad existe.

Lo que para tanta gente pueden parecer simples sueños para mí no lo fueron ni lo serán. Me di cuenta de eso cuando desperté de mi tercer sueño, en el que me encontré con el diablo. Y eso no fue simple ni fácil, pues me topé con el que no se deja vencer fácilmente, con el que se aferra a que le dejemos ser parte de nuestras vidas y nos pone tentaciones con trampas para que caigamos. Y, si no caemos, se molesta y nos culpa a nosotros de su infelicidad.

Uno como hacedor de su propio destino

Mis sueños son un verdadero problema que tenemos todos. Es la verdad: la maldad no se vence fácilmente. Pero quien toma la decisión de dejar cualquier mal hábito, lo logra y, si no lo haces tú, nadie más podrá hacerlo por ti. Tú tomas la decisión; tú decides si tu mal hábito se va o se queda. Recuerda que no solo te hace mal a ti: también incomoda a quien de verdad te ama, a quien está dispuesto a hacer todo por ti. Pero, mientras no seas tú quien tome la decisión, todo lo que los demás hagan no sirve de nada.

Somos como las ventanas que solo se abren por dentro; quien está fuera solo puede tocar y hablarte para que lo escuches. Pero tú puedes decidir no abrir y hasta asegurar más esa ventana para protegerte aún más, no sea que pudieran abrir. Y, cuando te canses, les dirás que les vas a hacer caso, pero solo para que no te sigan molestando. Es por eso por lo que solo tú puedes luchar contra tus malos hábitos, y eso será cuando tú estés convencido de que eso es lo que tú quieres. «Si no lo haces tú, nadie más podrá hacerlo» fueron las palabras que me dijo, y esa es la verdad. En este caso tú tomas la decisión. Nadie puede decidir por ti: cada uno debe ser líder de su propia vida. ¿Y tú qué vas a decidir? No esperes que sea fácil: claro que tendrás que pagar algún precio. No va a ser fácil: tendrás que batallar y demostrarte a ti mismo que tienes el control de tu vida, y resistir las tentaciones, que no se alejarán de ti fácilmente: se aferrarán para que les dejes ser parte de tu vida.

Pero también, por no hacer nada contra lo que te hace mal, estás pagando un precio, y este crece en vez de disminuir. Pero tal vez escojas lo más fácil por no querer sufrir. Igualmente,¿ quién te dice que ese mal hábito no te llevará al sufrimiento? Cuanto más le permitas que te dañe a ti y a quien de verdad te ama, mayor será el precio que terminarás pagando por la cobardía de no hacerle frente a ese mal hábito que está en ti, en tu casa, en lo que es tu propiedad, y que te está dañando. No va a ser fácil, pero tú podrás hacerlo. Fueron palabras clave que Dios me dijo en mis sueños.

Yo tuve sueños en los que debí tomar decisiones serias, y hasta peligrosas. Sin duda, solo con la ayuda de Dios pude salir bien librado. Y yo sabía que Dios estaba conmigo en esa lucha; había que decidir. Y en mi sueño siempre estuve seguro de lo que quería, y fui lo suficientemente valiente. Y sin titubear reté a quien sin ningún derecho invadía mi propiedad. Pero desperté temblando, y me pregunté: «¿Por qué soñé todo esto?¿Y ahora qué hago?,

¿Cuál es el significado de esos sueños?». Entonces sí que estaba preocupado.

Hice oración; empecé con el padrenuestro. Recuerdo muy bien que así lo hice, y así lo dije en mi sueño.

Padre nuestro, que estás en el cielo:
santificado sea tu nombre,
venga a nosotros tu reino.
Hágase, Señor, tu voluntad,
en la tierra como en el cielo.
Danos hoy nuestro pan de cada día
y perdona nuestras ofensas.
No nos dejes caer en la tentación
y líbranos de todo mal.
Tú reinas en el cielo y en la tierra.
Amén.

El perdón humano versus el perdón divino

No sé si te diste cuenta de lo que le falta a la oración del padrenuestro, o tal vez pienses que le sobra algo. Y estás en lo correcto de todos modos: efectivamente, le faltan palabras, y también le sobran, si tú así lo quieres ver. Pero, en mi opinión, no le faltan ni le sobran. Así fue como lo soñé, y estoy muy de acuerdo con lo soñado. Ahora, yo no digo: «como nosotros perdonamos a los que nos ofenden». ¿Cómo puede ser posible que esté de más decirle a Dios en nuestras oraciones: «Tú reinas en el cielo y en la tierra. Amén»?. Aunque la maldad abunda y pareciera estar ganando mucho terreno, ahora nuestra tarea es vencer esa maldad en el nombre de Dios. No te olvides: si no lo haces tú, nadie más podrá hacerlo por ti. Nadie te ayudará si no te ayudas tú mismo. Nadie puede darle gracias a Dios por lo que tú recibes mejor de lo que tú puedes hacerlo. Y, si no lo haces tú, ¿quién lo hará por ti?

Tal vez te preguntarás por qué le faltan las palabras «Así como nosotros perdonamos a los que nos ofenden». Y es que aquí hay un problema difícil de explicar o difícil de entender. Para mí no es fácil emitir esto que siento tanto. Pido disculpas de antemano a quien pudiera sentirse ofendido por

El atrevimiento de tratar de explicar esto, pero es que ahora me siento comprometido a hacerlo porque no solo te contaré sueños: también te contaré cosas reales que he vivido. Y así, poco a poco, espero poder relatar lo que Dios me ha dado a entender, aunque para algunas personas esto sea difícil de creer. Pensando que ayude a entender más a fondo esto, te contaré algo personal que me pasó, porque quizá con esto tendrás respuestas a las dudas o preguntas que pudieran surgir. Y espero que, cuando te cuente lo que me pasó, puedas entender el motivo del principio y resultado de todo esto.

Yo no sé qué pienses tú, pero te repito: tú tomas tu propia decisión. Tal vez no estés de acuerdo y pienses que no tiene nada que ver una cosa con la otra, pero para mí todo parece ser parte del principio (del primer sueño). Yo así lo entiendo, pues me ha quedado muy claro. Pero tu opinión es igual o más importante que la mía. Por eso, si no compartes mi opinión, yo lo comprendo, porque somos libres de creer o de no creer. Nosotros nunca podremos perdonar a todos los que nos ofendan. Así como Dios nos perdona tantas fallas, nosotros no tenemos ese don de perdonar, porque nosotros perdonamos, tal vez, dos veces que la misma persona nos haga algo. Pero, si ya nos hace algo tres veces, todos renegaríamos. Entonces optamos por mantener cierta distancia. No es que eso sea malo (sin duda que en algunos casos eso es lo mejor), pero lo que no puede ser es que, después de que estamos llenos de problemas, pensemos que todo es normal y pidamos que Dios nos perdone como perdonamos los seres humanos, con venganzas, odios, malos entendimientos y discusiones.

Eso es lo que hay entre nosotros, porque nosotros no somos solo tú y yo. Nosotros somos todos: tu vecino y el mío. Ellos también están entre nosotros. Las familias víctimas de tanta maldad que tenemos en estos tiempos también están entre nosotros; la víctima de un violador está entre nosotros.

¿Cómo puede ser que pidamos a Dios que nos perdone así como perdonan las personas a quienes les han hecho tanto daño? Hay ofensas que para un ser humano son difíciles de perdonar, pero pareciera que no nos damos cuenta de eso. Y pedimos ser perdonados por Dios así, exactamente de la misma manera.

Lo he escuchado más de alguna vez: «Una me la hace, y tal vez dos, pero tres ya no». Pero nosotros todos hemos ofendido a Dios más de tres veces, ¿cuál será la respuesta de Dios? Él está consciente de que para un ser humano es difícil no fallar. Por eso es que Él siempre estará dispuesto a darnos su perdón. Él no tiene límite para perdonar, ni se aleja de nosotros. Somos nosotros los que nos alejamos de Él y hacemos las cosas más difíciles. Es una realidad que nosotros nunca perdonaremos como Dios perdona. Pero, como todo tiene sus excepciones, tal vez tú opines lo contrario, puesto que conoces a esa persona que es la excepción.

Si estás de acuerdo en que nosotros no eres solo tú o solo yo ni tampoco es solo es esa persona que tú conoces que perdona todas las ofensas, que también somos todos los que tenemos un límite para perdonar y nosotros somos todos (cristianos, católicos o no, con religión o sin religión), cuando ores, no pidas a Dios que perdone nuestras ofensas así como nosotros perdonemos a los que nos ofenden. Solo pide que perdone nuestras ofensas. Él hará el mejor juicio, pues recuerda que, al decir: «... nuestras ofensas», estamos pidiendo por todos, no solo por las tuyas o por las mías. *Nuestras* es la primera persona del plural. E incluye a todas esas personas que nos hicieron daño, a esas personas que muchas veces no se pueden perdonar. (Te repito: con religión o sin religión).

Y, si no estás de acuerdo y crees que *nosotros* solo eres *tú* y nuestras ofensas son solo las tuyas, entonces pues que todo siga igual. Sigue pidiendo que Dios nos perdone, así como nosotros perdonamos a los que nos ofenden.

Y tal vez lo que quieres decir es: «Perdona mis ofensas así como yo perdono a los que me ofenden». Pero la idea no es esa: no debemos olvidar pedir por los que nos han ofendido, para que abran esa ventana que solo se abre por dentro y que solo ellos pueden abrir. No olvides de que somos un equipo con el nombre de *nosotros*, todos unidos. Esa es la idea. Y las ofensas de nuestros hermanos son nuestras ofensas.

Por eso es que, al decir: «Perdona nuestras ofensas», estamos pidiendo que perdone a quienes ofenden. Esas son nuestras ofensas pues, como buenos compañeros de equipo, debemos entender que los errores de uno nos afectan a todos, y así mismo las anotaciones de uno son de todo el equipo. Y todos tenemos claro que anotando se gana, sin importar quién anote. Sabemos que las anotaciones de nuestro compañero son nuestros puntos.

Necesitamos darnos cuenta de que en este tiempo tenemos un equipo con personas que fallan mucho y cometen muchos errores, tal vez por no entender las instrucciones del director técnico. Cuando se juega en equipo, la victoria o la derrota es de todo el equipo.

No solo gana el que anota ni solo pierde el que permitió que el otro equipo anotara. Una persona anota y el equipo gana, una persona falla y el equipo no hace puntos.

La idea es esa pero, si no estás de acuerdo, de todas maneras pide a Dios que nos perdone y Él nos perdonará, porque Él sabe que no sabemos pedir. Es por eso que Él nos da lo que Él sabe que nos conviene, y no lo que pedimos. Y, aunque fuera individual, no estés tan seguro de que tú no tienes errores y de que tú sí puedes pedir a Dios que nos perdone de igual manera como nosotros hemos perdonado a todo aquel que nos ha ofendido... Yo de verdad pienso que en algo hemos fallado individualmente, y no digo que en mucho porque quiero ser positivo, pero son pocos los que fallan poco y muchos, los que fallamos mucho. Y es por eso que lo mejor es pedirle a Dios que nos perdone nuestras ofensas, pero a su manera, así como Él perdona, y no como nosotros perdonamos, porque es muy posible que estemos pidiendo castigo en vez de perdón. Recuerda que somos seres humanos, y todos tenemos un montón de defectos. Hay ofensas con las que lo mejor es dejárselas a Dios y que sea Él quien nos perdone, a ellos por su maldad y a nosotros por no tener la capacidad de perdonarlos. Hay ofensas que nosotros, los seres humanos, no perdonamos. No estoy diciendo que tengamos que tomar venganza: solo que lo pongamos en manos de Dios. ¿Cómo podríamos nosotros perdonar o castigar a un violador o a un asesino? Que Dios los pase por donde tengan que pasar y paguen lo que tengan que pagar. Dios está de nuestro lado. Él no nos fallará: solo Él hará el mejor juicio. Dios es soberano, el que ejerce la autoridad suprema, excelente, no superada. Y con soberanía seremos juzgados en el Juicio Final.

Es muy difícil e imposible para nosotros ser perfectos cuando se trata de perdonar, porque en realidad hay algunas cosas que como seres humanos nosotros no podemos perdonar. En ciertos casos dejemos que sea Dios quien juzgue a nuestros agresores y evitemos guardar rencores por nuestro propio beneficio, pues el odio y el rencor daña más a quien lo siente que a la persona odiada. Uno mismo es el más perjudicado.

Pero recuerda que solo tú decides: tú tomaras tus decisiones. Habrá personas que no estarán de acuerdo en cambiar algo tan serio como es la oración del padrenuestro, porque fue Jesucristo quien oró así.

Pero no por eso empecemos una discusión; respetémonos y perdonémonos lo más que podamos mutuamente, sin olvidar que todos necesitamos el perdón de Dios. Quizás nosotros también seamos un tanto culpables de las ofensas recibidas, puesto que fuimos parte del problema.

Las creencias y opiniones de los demás deben ser respetadas aunque no las compartamos, pues eso es lo que ellos creen. Entendamos que cada persona tiene su opinión, y solo cada uno podrá decidir si realmente quiere que Dios lo perdone exactamente como nosotros los seres humanos perdonamos a los que nos ofenden. Por eso ante todo el respeto debe ser siempre importante en nuestras vidas.

Contéstate estas preguntas a ti mismo: ¿estás seguro de que quieres que Dios te perdone exactamente como nosotros perdonamos a los que nos ofenden? ¿Al decir «nosotros», será que hablas solo de ti? ¿Estás realmente consciente y dispuesto a pagar por los errores (las ofensas de los que en vez de perdón buscan venganza) de los demás? Sin duda es bueno pedir por los demás; por eso decimos: «Perdona nuestras ofensas».(No solo las mías, sino las ofensas de todo el mundo). Pero pagar por las ofensas, por los pecados de todo el mundo... No creo que estés hablando en serio. Pensémoslo bien antes de decirlo, pues lo más fácil es que nosotros, en plural, como equipo, tengamos un montón de fallas cundo se trata de perdonar. Quizás alguien de nuestro equipo le guarde rencor a alguna persona. No olvidemos que somos seres humanos con un montón de defectos.

No somos perfectos como lo es Dios y como lo fue Jesucristo, su hijo, pues fue Él quien oró así, y terminó pagando por nuestros pecados. Él sí sabía lo que decía y lo dijo porque así lo sentía realmente, no como nosotros, que solo lo decimos porque Él así oró, para ponernos el ejemplo de cómo se oraba. Nunca dijo: «Tienen que repetir exactamente lo que yo siento». Él oró así y, como buen líder de equipo, murió para salvarnos a nosotros, a todos nosotros, y pagar así por nuestras fallas, por nuestros pecados. Por nuestras fallas, no por las fallas que Él hubiera tenido: por nuestras fallas, por las ofensas y pecados de todos nosotros. Con eso quedó demostrado que Él sí nos contó a todos nosotros como de su equipo. Y nos sigue apoyando: Él es nuestro director técnico, nuestro entrenador.

Pero también está el demonio, que quiere tener su propio equipo, un equipo de maldad, y parece que cada día lo refuerza más y más, pues su meta es luchar y no dejarse vencer. La maldad nos tiene invadidos. En vez de perdones, hay venganzas y, en vez de unión, separaciones. Y pareciera que nosotros estamos confundidos; pedimos, pero sin meditar lo que decimos. Sí, es muy cierto que Jesucristo lo hizo para enseñarnos a perdonar, pero nosotros somos muy malos alumnos.

La metáfora de Adán y Eva

Para que nosotros podamos pedir que Dios nos perdone, así como nosotros perdonamos a los que nos ofenden, primero tendríamos que estar conscientes y darnos cuenta de tanta maldad que tenemos en el mundo, de que estas maldades nos afectan a todos y de que solo Dios puede ayudarnos con tanto descontrol. Parece que no tenemos claro que *nosotros* no es en singular. *Nosotros* no es una sola persona.

¿Estás consciente de que los errores de los demás serán nuestra derrota? Tenemos el mejor director técnico, pero no se están siguiendo sus instrucciones. Y esto no es nada nuevo. Recordemos la metáfora, parábola, o cuento (como tú gustes llamarlo) que como doctrina cuando niños nos contaron. No sé lo que tú hayas entendido, pero enseguida te enterarás de lo que yo entendí, y todavía sostengo firmemente que las instrucciones que ellos recibieron son las mismas para ti y para mí. Estoy hablando de Adán y Eva y de la metáfora de la fruta prohibida. («Metáfora: f.

Translación del sentido recto de una palabra a otro figurado»). Quiero contarles lo que yo como niño entendí de este cuento. Fue la primera lección que de Dios recuerdo haber escuchado. Y creo haber entendido muy bien las reglas. Y lo más importante: para mí estas fueron y siguen siendo las reglas, y me las tomo muy en serio.

Nos dijeron que Dios puso a Adán y Eva en el Paraíso, en un jardín con árboles frutales y les explicó las instrucciones. Les anunció que podían comer de todo, pero les aclaró que no les estaba permitido comer la fruta de un árbol en especial (un manzano). Ellos desobedecieron, y comieron la fruta prohibida. Y, cuando comieron la manzana, se dieron cuenta de que estaban desnudos. Se sintieron avergonzados y se taparon con las hojas de un árbol. Enseguida Dios les explicó las consecuencias por su desobediencia. Como fue Eva la que le ofreció la manzana a Adán, a ella le dijo: «Por tu desobediencia tendrás un hijo y como castigo tendrás dolor a la hora del parto». Y a Adán le dijo: «Por tu desobediencia tendrás que trabajar para ganarte el alimento con el sudor de tu frente». Pero no solo su alimento,: también el de ella y el de su hijo.

Es aquí donde los hombres debemos entender que no debemos tener relaciones sexuales con una mujer a la que no estemos dispuestos a soportar por el resto de la vida como la pareja y madre de nuestros hijos, porque el castigo sigue siendo el mismo: trabajar para ganarnos el alimento de nuestro hijo con el sudor de nuestra frente. Por eso es mejor pensar antes de actuar, porque las mujeres sí entendieron y la mayoría de ellas creen que con un hijo atrapan a un hombre. Y no cuentan con que, al igual que ellas, hay muchos hombres irresponsables, y queda un niño como prueba de la irresponsabilidad de los dos. Ellas se consuelan con saber que, de una manera u otra, te arruinaron. Les queda la satisfacción de tener la prueba de tu irresponsabilidad. Pero parece que nos es difícil entender que lo que Dios nos quiere decir con esto es que no nos está permitido tener relaciones sexuales antes de conocer un poco a nuestra pareja, porque nunca conocemos a una persona lo suficiente. Siempre entre dos personas que viven juntas, habrá pequeños o grandes desacuerdos. Para mí el consejo de Dios fue: «Conoce a tu pareja antes de tener relaciones sexuales porque, si embarazas a una mujer, tendrás que aceptarla como tu pareja». Entiendo que Dios hizo al hombre y la mujer, para que tuvieran hijos, pero la idea es: «Conózcanse y esperen mi bendición para tener hijos». Esto lo hizo cuando solo había un hombre y una mujer. Ahora que somos muchos hombres y muchas mujeres, con mucha más razón, sigan el consejo: conózcanse y estén conscientes de que, si hubiera un embarazo, tomarán a esa persona como su compañera, para todo el resto de su vida. El consejo es de Dios; por eso, sin duda, lo mejor es seguirlo. El hombre que desobedeciendo las reglas embaraza a una mujer, tiene que hacerse responsable y trabajar para que no les falte nada a su mujer y a su hijo. Los dos son responsables de su desobediencia. Se debe entender que el resultado de la desobediencia es el motivo de madres solteras y de hijos con padres irresponsables que se sienten libres y, según ellos, todavía andan buscando «la madre de sus hijos».

No nos debería ser tan difícil de entender que no nos es permitido entrar al supermercado, morder las manzanas y enseguida regresarlas donde estaban, y sentirnos orgullosos de haber probado muchas manzanas desobedeciendo las reglas, sin darnos cuenta de la irresponsabilidad y de la falta de respeto. Es necesario tomar conciencia de que una mujer tiene mucho más valor que una manzana, y nadie querrá llevarse a casa las manzanas mordisqueadas. La verdad es que hoy pareciera tener más valor una manzana que una mujer: nadie se llevaría a su casa una manzana pellizcada si se da cuenta de que le han clavado una uña. En cambio, en una mujer, pensamos que eso no es lo más importante. Pero no es que no sea importante, o que la mujer valga menos que la manzana. Simplemente es que ya estamos acostumbrados a la maldad y a la desobediencia. Quién no estará de acuerdo en que hay más mujeres solas con hijos que manzanas mordisqueadas en un supermercado.

Los consejos que Dios nos dio son para nuestro propio beneficio. Así como la metáfora de la fruta prohibida, en el cuento de Adán y Eva, cada parábola tiene un porqué. Debemos usar la lógica y entender las parábolas, que son consejos para nuestro propio beneficio y, cuando eso se entienda y se ponga en práctica, tendremos el mundo que Dios desea para nosotros.

El problema es de todos, pero solo cada uno puede resolver sus errores, pues de nada sirve que los demás te digan que actúas mal. Si tú no te das cuenta de que actúas mal, no sentirás la necesidad de cambiar. Nadie puede hacer cambiar a nadie de manera de pensar; solo uno mismo puede cambiar los malos hábitos por buenos. Todo se puede, pero solo tú puedes hacerlo, porque están en lo tuyo, están en tu propiedad. Todo lo que tú decidas cambiar puedes hacerlo, incluyendo tus amistades pues, si tienes, por ejemplo, «amigos» alcohólicos, aumentan las posibilidades de que ingieras alcohol. Si tus amistades tienen un buen puesto en el Gobierno, aumentan las posibilidades de que trabajes para el Gobierno, si es que hasta ahora no lo has hecho.

¿Cuántas veces hemos ofendido? ¿Nos han perdonado esas personas a las que hemos ofendido? Porque no es solo cómo tú perdonas, o cómo yo perdono: es cómo nosotros perdonamos. Esto incluye a todos en general.

¿Estamos seguros de que nos perdonarán nuestras ofensas aquí en el mundo las personas a quienes ofendamos? Porque, de no ser así, nosotros seríamos los culpables de que Dios no perdone a esas personas que no nos supieron perdonar. ¿Qué le pasará a aquel que ha dicho a quien lo ofendió: «Te perdono, pero tú por tu lado y yo por el mío». ¿Dios lo perdonará contestándole lo mismo? ¿En dónde estará su lado? ¿Crees que nosotros podemos enseñar a Dios a perdonar? ¿Podemos nosotros compararnos con Dios cuando perdonamos? Por supuesto que no: Dios es el único perfecto, y nosotros nunca lo seremos. Dios es inmenso, ¿y nosotros qué somos? Dios nos va a perdonar aunque nosotros hayamos fallado en hacerlo, y el que no aceptemos que individualmente fallamos es tan solo una falla más, y también eso nos lo perdonará. Aunque, al pedirle que nos perdone como nosotros perdonamos, estemos pidiendo castigo. Si alguien que me ha ofendido me pidiera disculpas, le diría que también me perdone a mí, pues tal vez yo fui quien llevó la situación hasta ese punto, y así fui tan culpable como la otra persona. En efecto, en una discusión siempre son dos o más de dos los involucrados. Y le pediría que pensemos que el perdón de Dios es más importante que el de nosotros, que le pidamos que nos perdone, y así obtendremos también el perdón divino.

MI TERCER SUEÑO

Después que me tranquilicé, me quedé dormido nuevamente. Esa misma noche tuve un tercer sueño. Fue entonces cuando me encontré con el que sí me enfrentó, y con él batallé para vencerlo. Pero, gracias a Dios, lo logré.

Al ir caminando por un pueblo pintoresco, en el marco de una puerta abierta, estaba un joven moreno claro, de no más de treinta años. Vestía camisa amarilla, corbata del mismo color y pantalón negro.

Yo, desde lejos, me di cuenta de que ahí estaba; parecía que me estuviera esperando. Cuando llegué junto a él, me dijo: «Tú puedes aprender mucho de mí. Pasa, mi oficina está aquí arriba en el tercer piso, confía en mí. Conmigo puedes aprender mucho». Yo no dije nada; solo asentí, moviendo la cabeza de arriba hacia abajo. Pasé; subimos unas escaleras hasta el tercer piso y al llegar me dijo, señalando una puerta negra: «Mira, esa es mi oficina». La puerta estaba cerrada; de arriba se podía ver el suelo del primer piso, pues el edificio tenía la forma de la letra U. El piso era de mármol, y solo había un pequeño barandal que nos llegaba por debajo de la cintura.

Él me dijo: «Esta es tu primera prueba; para empezar, aviéntate y verás que no te pasará nada, confía en mí». Yo solo lo miré y dije: «En el nombre sea de Dios Padre, Dios Hijo y Dios Espíritu Santo». Y lo empuje a él. Cuando iba en el viento, pude ver que ese era el diablo. Le miré los cuernos. Se cambió de ropa en el viento; iba cayendo de frente pero, cuando llegó al suelo, cayó boca arriba, pero ya no tenía rostro. Ni cuerpo había: era pura ropa. Ahora era una sudadera gris con gorro. Las mangas me hacían la seña de que fuera, de que me aventara. En seguida, de donde me dijo que era su oficina, salió una mujer joven vestida de negro, de pelo suelto, de cuerpo ancho. No era fea, pero tampoco muy bonita: era una mujer normal, como se pueden encontrar por todos lados. Ella me dijo: «Aviéntate, te está llamando; hazle caso». Y, cuando se me acercó, solo repetí lo mismo: «En el nombre sea de Dios Padre Dios Hijo y Dios Espíritu Santo». Y también la aventé; cayó encima del otro, que me seguía haciendo señas de que fuera. Pero de ella no quedó ningún rastro. Entonces fue cuando hice la señal de la cruz con las dos manos, con la izquierda firme y con la derecha con movimientos de arriba abajo y de izquierda a derecha. Formando la cruz en el aire, mencioné repetidas veces mezclando los nombres de esta manera:

En el nombre sea de Dios Padre, de Dios Hijo y de Dios Espíritu Santo.

En el nombre sea de Dios Espíritu Santo, de Dios hijo y de Dios Padre.

En el nombre sea de Dios Padre, de Dios Espíritu santo y de Dios Hijo.

En el nombre sea de Dios Hijo, de Dios Espíritu Santo y de Dios Padre.

En el nombre sea de Dios Espíritu santo, de Dios Padre y de Dios Hijo.

En el nombre sea de Dios Hijo, de Dios Padre y de Dios Espíritu Santo.

Como pensaba que ya lo había dicho en diferentes maneras, casi me desesperé y entonces lo dije con más fuerza y más despacio: «En el nombre del Padre, del Hijo y de Dios Espíritu Santo». Luego, por fin desapareció. Así fue el modo en que vencí la maldad.

Pero mi sueño continuó. Ahora vivía la recompensa; ya me encontraba en mis terrenos. Todo aquello era un lugar tropical, donde abundaba todo lo necesario para vivir, con mucha tranquilidad. Sobre todo, los días eran muy cortos. Ya todo estaba diferente; ahí había de todo. Al norte, estaba el mar; al noroeste, la montaña; al oeste y al sur, la selva;

y, al este, el desierto. Todo en tan solo escasos quince minutos de distancia a pie.

Una tarde, cuando venía de ese terreno donde alguna vez había retado al demonio, me salió al encuentro un anciano todo vestido de blanco, y me preguntó:

—¿Cómo te va en tu nueva vida?

Le contesté:

—A mí, gracias a Dios Padre, Dios Hijo y Dios Espíritu Santo, me va muy bien.

Él me contestó:

—Me da mucho gusto; desde entonces a mí también me va muy bien.

Y se empezó a retirar, dejando mucha luz, sin darme la espalda y sin tocar el suelo, con dirección hacia el sur. El cielo se veía como entre morado y amarillo a lo lejos. Para donde Él se había ido, se veía como una puesta de sol, con mucha luz, hasta que se perdió a lo lejos. Fue ver la puesta del sol más hermosa de todas. Yo me quedé inmóvil hasta que se perdió de vista. Luego continúe mi camino.

Pero enseguida se me apareció un joven de camisa verde, que me dijo: «¡Te crees mucho! Ese, a quien tú crees que acabaste con él, todavía existe y nunca podrás terminarlo». Yo le contesté: «Sí, pero en mí y en lo mío no. Y la prueba está en todo esto que hay a mi alrededor. Cuando esto vuelva a ser lo que era antes y los días sean largos como antes lo eran, entonces yo mismo lo buscaré y volveremos a hablar. Por ahora no tengo nada que arreglar contigo, ¡aléjate de aquí!». Mientras decía esto, le mostraba la señal de la cruz con las dos manos, mientras le señalaba el desierto. Y simplemente desapareció. No pude ver así adónde se había ido. Lo que era supuestamente una persona simplemente no era nada. Seguí mi camino. Y, al llegar a la casa, desperté. Ahora sabía que mis sueños no habían sido malos: me sentía bien, estaba tranquilo. Pero me preguntaba qué hacer con todo esto. Sabía que debería mencionar más el nombre de Dios cada día de mi vida, y no solo mencionarlo: también creerlo y sentirlo. No solo decirlo, sino realmente desearlo al decir al comenzar el nuevo día: «En el nombre sea de Dios". Debemos reconocer y creer que es Él el que nos permite seguir adelante, disfrutando de lo que Él nos regala. Y la verdad es que nosotros estamos fallando mucho en esta parte tan importante. No sé tú, pero yo realmente creo que puedo hacerlo mejor de lo que hasta ahora lo he hecho. ¿Te atreves a decir y creer tú lo mismo: «Sé que no menciono a Dios lo suficiente y de ahora en adelante, mejoraré, hablaré de Dios como hablo de mi mejor amigo»?.

En efecto, eso es Dios: es mi amigo y quiero que también sea tu amigo. Yo lo he escuchado en sueños, y me da mucha paz y tranquilidad. Me da mucho gusto cuando sueño esa voz que me dijo las cosas que yo puedo hacer; necesito decirte que fue Él quien me dijo que yo podía hacer este libro.

Ahora entiendo claramente que esa fue la razón de mis sueños: pedir tu ayuda para que juntos mencionemos y mezclemos a Dios en nuestra plática de la rutina diaria. No te dé vergüenza: atrévete y mencionemos el nombre de Dios. Al menos tratemos y seamos realmente sinceros al hacerlo, poniendo atención en lo que estamos diciendo, creyendo realmente en el nombre de Dios. Que no sean simplemente palabras. En mi sueño quedó demostrado que el diablo no se vence fácilmente pero, mencionándole a Dios sin límites, cuantas veces sean necesarias, lograremos vencerlo. Y eso no es solo un sueño: debes creerlo. Esa es la verdad: la luz vence la oscuridad. Eso está más que comprobado.

El origen de mis sueños

Te quiero contar lo que a mí me ha pasado. Desde que recuerdo he escuchado palabras ofensivas a terceras personas, algunas menos ofensivas que otras, aunque a mí, en lo personal, me han ofendido poco. La vez que reaccioné, fue cuando con coraje me dijeron: «¡Tú no eres nadie!, ¿por qué no te mueres? Yo te puedo dejar en la calle, porque yo puedo...». Le contesté tranquilamente: «¿Qué puedes? No me lo digas: solo hazlo». Y terminé así la conversación. Después le dejé un mensaje de voz en su buzón de teléfono, donde le dije: «Hasta el día de ayer mis deseos para ti siempre habían sido buenos, pero de hoy en adelante lo bueno o malo que te pase no será porque ese sea mi deseo. Que Dios te pase por donde tengas que pasar y pagues lo que tengas que pagar. Esa noche hice una carta que después quemé. No eran mis deseos, pero escribí lo que yo creía que pasaría.

Y en breve me di cuenta de que en corto tiempo ya había sucedido, y después tuve la oportunidad de verlo yo mismo. No fue nada malo lo que escribí en esa carta, solo cosas naturales de la vida. Si actúas mal, sin duda te irá mal. Lo que le ha pasado y lo que le pueda pasar en realidad no es mi deseo: solo son las consecuencias de sus acciones. Y lo que yo hice solo fueron reacciones a sus acciones. Por cinco años, cada día pensaba en su nombre, con sus apellidos y agregaba: «Que Dios te pase por donde tengas que pasar y pagues lo que tengas que pagar». Pero una mañana, al despertar, pensé que ya era tiempo de perdonar y cambié mi frase. Ahora pensaba: «Estás perdonada», mencionando su nombre y sus apellidos. Pero esto no me hacía sentirme mejor: algo no estaba bien; me sentía intranquilo. A las siete de la tarde tuve la respuesta de mi intranquilidad… Tuve un accidente de carro: yo estaba saliendo de la casa de reversa: un carro venía a alta velocidad y me golpeó la parte trasera. En unos pocos días me llegó la demanda, donde me decían que estaba en problemas y que me «iban a dejar en la calle» si no atendía sus exigencias. Al no tener respuesta a su demanda, en treinta días, legalmente me podrían quitar todo lo que tenía. Eso me hizo recapacitar y pensar que eso era lo que me había dicho la persona a quien según yo había perdonado. Me había olvidado de Dios la mañana del día del accidente. Ella también me dijo que ella me podía dejar en la calle, si ella quería, que yo no era nadie. Ahora entiendo que tiene toda la razón. Yo no soy nadie para perdonar: solo Dios puede perdonarla o castigarla. ¿Cómo pudo ser que yo tuviera la osadía de cambiar lo que estaba bien pensado y bien dicho?

Eso no quiere decir que tengo que seguir guardándole rencor: solo quiere decir que no debemos olvidarnos de Dios. El día que según yo la perdoné, no tomé a Dios en cuenta. Debería haber dicho: «Que Dios te perdone» y agregado su nombre y sus apellidos. Aunque ya le había pedido a Dios que la perdonara, cuando le dije: «Perdona nuestras ofensas y líbranos de todo mal. Tú reinas en el cielo y en la tierra. Amén». Aunque no tiene nada de malo el decirle a alguien serenamente: «Que Dios te pase por donde tengas que pasar y pagues lo que tengas que pagar». Es solo aceptar que Dios es el único que castiga o perdona con verdadera soberanía. Es por eso que para mí pareciera que eso fue continuación de lo que antes había pasado, porque eso pasó cuando cambié esas palabras, y ahora yo decía que ya quedaba perdonada, sin mencionar a Dios. Por eso es que ahora digo que no podemos repartir perdón olvidándonos de Dios. Pidámosle a Él que perdone a nuestros deudores y que sea Él quien tome la última decisión. Sintiendo esto de verdad, queda claro que estamos de acuerdo en sus decisiones y que nosotros estamos conscientes de que no guardaremos ningún rencor. Yo no soy nadie. Así fue como me lo dijo quien me ofendió. Por eso mi perdón no le es suficiente: el perdón de Dios es lo que todos necesitamos. También cuando soñé que Dios me dijo que la maldad estaba en mis terrenos, no me dijo que perdonara la maldad que me había ofendido invadiendo mi propiedad. Me dijo que solo yo podía sacarla, pero no lo hice yo solo: fue Él quien lo hizo. Yo solo tomé la decisión. Y, aceptando que se hiciera su voluntad, luché para que se cumpliera. Él me dijo que solo yo podía decidirlo, que yo decidiera si la sacaba o la dejaba en mis terrenos. Pero no me aconsejó que la perdonara y le dejara que tuviera su guarida en lo mío, y fue Él quien me ayudó en eso (de otra manera no lo estaría contando). Fue Él quien me dijo que no confiara en nadie y también que no sería fácil, pero que Él sabía que yo podía hacerlo. Y lo logré porque seguí sus consejos. Sin su ayuda simplemente no lo hubiera logrado. Gracias a que me dijo que no sería fácil, fue que insistí mencionando el nombre de Dios repetidas veces. ¿Qué hubiera pasado si Dios no me hubiera ayudado con sus consejos en mi lucha contra el diablo?

Pasaron diez años antes de tener la idea de escribir mis sueños, pero no empecé a hacerlo: solo lo pensé. La siguiente semana escuché en la radio un comercial de un seminario, donde nos enseñarían cómo hacer realidad nuestros sueños. Llamé para reservar mi lugar en dicho seminario, y fui. Se trataba de uno de esos seminarios que organizan para conseguir personas para que les ayuden a vender algunos productos. Lo que me gustó fue que la persona que presidía dicho seminario mencionaba a Dios continuamente en su conversación, comentando que teníamos que insistir en la visión que tengamos una vez que hayamos tomado la decisión. Fue entonces cuando empecé a escribir, pensando que podía hacer un libro. Pero pronto me desanimé, pensando que era poco para un libro. Además, mis sueños serían de poco interés. Para otras personas, serían solo sueños. Solo yo los siento importantes porque los viví, aunque sé que los soñé. La verdad es que ya tenía decidido olvidarme de la idea de escribir un libro con mis sueños.

MI CUARTO SUEÑO

Un cuarto sueño, después de diez años, fue la prueba de que no estoy loco.

Esa noche volví a escuchar la misma voz del segundo sueño, que me decía: «No te desanimes; si puedes, lo debes profesar. Cuando sientas que no puedes, piensa en mí, y no te olvides de Jacinto Puedes [el hombre del seminario]. Ahí está Jacinto Puedes». Fue un jueves por la madrugada (los martes y los miércoles trabajo de noche). Yo regresé de mi trabajo a la 1:45 .

Eran las 2:30 cuando me despertó mi esposa, con el teléfono en la mano, diciendo: «El que llamó fue Jacinto Puedes». Le contesté sorprendido: «¿Qué? ¿Cuándo?».

Ella me repitió lo mismo y agregó: «Ahorita sonó el teléfono, me levanté a contestar y en el identificador de llamadas decía: "Jacinto Puedes". ¿Tú conoces a Jacinto Puedes?». Le contesté: «Sí, pero no te preocupes: acuéstate y duérmete». Por la mañana, le pregunté: «¿Anoche soñé que llamó Jacinto Puedes?, ¿o fue cierto?». Me confirmó que fue cierto. Ella preguntó molesta: «¿Y qué horas son esas de llamar? ¿Qué clase de hombre llama a las 2:30? Aquí no es un burdel». Le expliqué: « Jacinto Puedes es una persona fina, de negocios. No fue él quien llamó». Me retrucó todavía molesta: «Pero ¿cómo no? Si yo miré el nombre en el identificador de llamadas; contesté y solo se escuchaba que marcaban números». Le dije: «Tú no entiendes, pero yo ya entendí. Mientras yo estaba soñando, escuchando la voz de mis sueños que me decía: "Ahí está Jacinto Puedes", tú me despiertas diciendo que quien llamó fue Jacinto Puedes. Lo he visto una sola vez en mi vida, y tú estás enojada como si estuvieras segura de que quien llamó es mi amigo de parranda». Le expliqué: «Cuando empancé a escribir mis sueños, me desilusioné, pues pensé que era poco como para un libro, aunque este fuera pequeño. Además para muchos solo eran simples sueños. Así fue como yo ya había tomado la decisión de olvidarme de la idea de un libro. Pero ahora entiendo que debo continuar con la idea de escribir un pequeño libro, y así publicar mis sueños».

No parecía estar tan convencida pero, al pasar los días, parece que ya se hizo a la idea, además de que hasta ahora no ha vuelto a aparecer el nombre de «Jacinto Puedes» en el identificador de llamadas del teléfono.

MI QUINTO SUEÑO

La siguiente noche, soñé otra vez con la misma voz que me habló sobre la maldad en aquellos sueños. Ahora, también en sueños, fue a los pies de mi cama estando yo dormido. Él tenía un libro en las manos, abierto, con letras pequeñas, pero entre las pequeñas había unas más grandes, como si les hubiera puesto una lupa. Y me dijo: «Está escrito». Enseguida me leyó las letras grandes, que decían: «Porque has entendido mi idea, debes profesar, es por eso que te nombro profeta». El libro estaba como para que yo lo leyera, pero fue su voz la que mencionó las palabras. Yo solo miré las letras. También pude ver las manos que sostenían el libro, bordeadas por mangas blancas y anchas. Por la mañana investigué en dos diccionarios, para saber exactamente el significado de las palabras *profesar* y *profeta*.

Estas fueron las respuestas:

> **Profesar**. *V. t. ejercer o enseñar un arte, ciencia u oficio: profesar la medicina. // Hacer votos en una orden religiosa. // Tener un sentimiento o creencia: profesar un principio, una doctrina.// fig. Sentir algún afecto, inclinación o interés: profesar amor, amistad.*

> **Profeta**. *m. persona que anuncia la palabra divina o el futuro por inspiración sobrenatural. (Los profetas mayores fueron Isaías, Jeremías, Ezequiel, y Daniel.) // Fig. Persona que predice un acontecimiento.*

> **Profesar**. *tr. Ejercer o enseñar una ciencia, arte, oficio.// Obligarse*

a observar los votos propios de una orden religiosa.// Creer, confesar públicamente.// Ejercer algo voluntariamente y con perseverancia.

Profeta. *m. el que hace profecías.*

Profecía. *F. predicción de inspiración sobrenatural.//Fig.   Cualquier predicción.*

En mis sueños yo lo hice muy bien, aunque en la vida real me falta mucha práctica para hablar como hablé en mi sueño. Ahora esta será mi meta: poder hablar como lo soñé.

Cuando me preguntó el anciano, vestido de blanco: «¿Cómo te va en tu nueva vida?», yo le contesté: «A mí, gracias a Dios Padre, Dios Hijo y Dios Espíritu Santo, me va muy bien». Y Él me dijo: «Me da mucho gusto; desde entonces a mí también me va muy bien». Pienso que esa es la respuesta que Él esperaba. Por eso me dijo que le daba mucho gusto que, desde que lo mencionaba a Él, también le iba muy bien.

Hoy te quiero pedir que lo pongamos en práctica y, cuando alguien nos pregunte: «¿Cómo estás?», contestémosle: «Gracias a Dios, bien». O tal vez tengamos que aceptar que no estamos del todo bien, pero sin olvidar mencionar que, con la ayuda de Dios, estamos siempre dispuestos a seguir siempre así adelante. Y no culpemos a Dios por nuestros fracasos, pues muchos de nuestros males son consecuencia de nuestras acciones pasadas, pues la desobediencia y los malos hábitos sin ninguna duda conducen al sufrimiento.

Sin duda que eres libre de tomar tus propias decisiones, decisiones que tendrán consecuencias. Y en el futuro disfrutarás o sufrirás por tus acciones del pasado.

Ten presente y menciona a Dios todos los días en tus conversaciones, y todos saldremos beneficiados. Para hablar de Dios, no necesitamos tener una Biblia en las manos. De esta manera, los que no creen te escucharán sin que les moleste, pues ni cuenta se darán de nuestra intención de crear el mejor hábito, el hábito de que todas las personas podamos escuchar el nombre de Dios todos y cada día de nuestra vida.

No importa en qué religión tú creas (todas son buenas) o si no crees en ninguna. Estás en lo correcto: la religión no salvará a nadie, pero Dios sí. La religión no es lo más importante. No critiques: las religiones no son malas, muchos de sus miembros lo fueron en su pasado en algunas de estas.

Pero eso no hace que esa sea una mala religión. A veces es necesario pertenecer a una religión, pues como seres humanos tenemos la necesidad de ser miembros de algo, ya sea de un equipo de algún deporte y, por qué no, de una religión. Lo peor es terminar siendo miembro de una pandilla, donde según ellos «te dan la bienvenida y te quieren como de su familia» y, por la necesidad de pertenecer a algo, de sentirse miembro de un grupo, terminan siendo miembros del peor de los grupos, alejados de Dios… Cree solo en Dios y menciónalo en tus pláticas, porque Dios es luz, y todos necesitamos de esta. La oscuridad aparece cuando no hay luz, y la luz vence la oscuridad.

Si tienes una habitación oscura, la solución es ponerle una ventana o, cuando más oscuro está, un simple cerillo te aleja de la oscuridad. Simplemente donde hay luz, no hay lugar para la oscuridad. Así mismo, si tenemos a Dios presente en nuestro pensamiento, poco a poco iremos alejando y terminando con los pensamientos de hacer maldad y, si no hacemos maldad, estaremos en muy buen camino.

Dios nos ayudará a que logremos que más y más personas mencionen el nombre de Dios más de una vez cada día. De lo contrario, la maldad siempre nos estará acechando, siempre agazapada, esperando la oportunidad para atacar. Nosotros y solo nosotros podemos decidir si hacemos algo para mejorar o nos da lo mismo estar rodeados siempre de maldades, discordias y malos entendimientos. Porque así es: si no es de día, es de noche. Y donde no haya luz, la oscuridad se hará presente. Deseando que esto nos ayude a todos. Que Dios nos bendiga y nos guíe por el mejor camino.

Miguel Prado